SCM

Stiftung Christliche Medien

Internet: www.scm-collection.de; E-Mail: info@scm-collection.de

Die Bibelverse sind folgenden Ausgaben entnommen:
Lutherbibel, revidierter Text 1984, durchgesehene Ausgabe in neuer Rechtschreibung 2006, © 1999 Deutsche Bibelgesellschaft, Stuttgart (LUT);
Bibeltext der Neuen Genfer Übersetzung. Copyright © 2009 Genfer Bibelgesellschaft, CH-1204 Genf. Wiedergegeben mit der freundlichen Genehmigung. Alle Rechte vorbehalten (NGÜ).

Bildnachweis: Dietmar Reichert 14, 18, 26, 36 | dreamstime: Travelling Light Cover/6, Mihapix 16, Horst Petzold 34 | Fotolia: northdevonphotos 8, Elena Schweitzer 12, detailblick 22, Hans Seidl 24, Darren Baker 28, Smileus 32, Stefan Rieger 38, Benicce 40, Maridav 42, Stefan Körber 44, Irina Fischer 46, detailblick 48, Stefan Körber 50, VRD 52, suzannmeer 54, Kzenon 56, contrastwerkstatt 58, World Images 60, JM Fotografie 62, Marina Lohrbach 64, bierchen 66, gitanna 68

Gesamtgestaltung: Dietmar Reichert, Dormagen
Druck und Bindung: Dimograf
Gedruckt in Polen
ISBN 978-3-7893-9645-8
Bestell-Nr. 629.645

Cornelia und Ulrich Mack

Über allem die Liebe

Das Geschenk der Ehe feiern

SCM Collection

Über allem die Liebe

Liebe ist wichtig – für jeden Menschen.
Empfangene Liebe motiviert.
Enttäuschte Liebe lässt resignieren.

Über allem anderen brauchen wir Liebe.

Das wusste schon Paulus. Er zieht Bilanz: „Nun aber bleiben Glaube, Hoffnung, Liebe, diese drei; aber die Liebe ist die größte unter ihnen“ (1. Korinther 13,13; LUT). Die ganze Bibel ist durchzogen von dem roten Faden der großen Liebesbewegung Gottes zu seinen Menschen. Die Liebe baut auf. Sie hat heilende Kraft. Sie wärmt wie die Sonne, und sie füllt das Leben wie ein Wind die Segel.

Dieses Buch erzählt vom Wunder der Liebe. Es will ermutigen, sich neu am Geschenk der Liebe zwischen Mann und Frau zu freuen, am lauten oder leisen dankbaren Geheimnis des Füreinanders und Miteinanders. So soll es helfen, immer wieder selbst zu der befreienden Erkenntnis zu kommen: Über allem die Liebe!

Wir wünschen Ihnen viel Freude und Inspiration beim Blättern in diesem Buch, beim Lesen oder Vorlesen, beim Meditieren und Weiterdenken.

Cornelia und Ulrich Mack

Die Ehe ist und bleibt die wichtigste Entdeckungsreise,
die der Mensch unternehmen kann.

SØREN KIERKEGAARD

ALPHABET DER LIEBE

A

Am Anfang achtet aufeinander, aber auch Altvertrautes atmet Aufbruch

B

Bitte Besonderheiten bemerken, Begabungen beachten, bei Befangenheiten befreien

C

Christusvertrauen contra Chancenlosigkeit

D

Danken dient dem Duett, doch Desinteresse demoliert dauerhaft

E

Erntet erfreut endlose Entdeckungen eurer Ehe

F

Feiert fröhliche Feste füreinander

G

Gegensätzliche Gewohnheiten, gern gutgeheißen, gebären glückliche Gemeinschaft

H

Helft herzlich, hört hingebungsvoll, haltet Hochzeitserinnerungen hoch

I

Initiiert in idealen Intervallen interessante Innovationen

J

Jährliches Jubiläum: Jubelt jedesmal „Ja“

Konflikte können konstruktives Kennenlernen kreieren

Liebe lehrt lobendes Lachen, lockert lustbremsende Lasten, lässt leben

Macht miese Momente mit mehr märchenhaftem Miteinander munter

Nicht nachgeben: Neugier nährt neue Nähe

Ordnet Offenes ohne Oppositionen

Präferiert penibel Prioritäten: plant paarweise Pausen

Qualitätsloser Quatsch quittiert qualvolle Querelen

Reduktion rastloser Regelungen rettet reizvolle Regungen

Sucht stets solidarisch Schönheit, Sinnlichkeit, Spaß, Stille

Trotz trostloser Trendmacher trägt Treue täglich

Urvertrauen unterstützt, Untreue untergräbt unsere ursprüngliche Unverzagtheit

Viel Vergeben verheilt verletztes Vertrauen verheißungsvoll

Wiederholte Wertschätzung widerspricht widerlicher Willkür

XX + XY

Zieht zu zweit zusammen zum Ziel

Wenn ich in Sprachen rede, die von Gott eingegeben sind – in irdischen Sprachen und sogar in der Sprache der Engel –, aber keine Liebe habe, bin ich nichts weiter als ein dröhnender Gong oder eine lärmende Pauke.

Wenn ich prophetische Eingebungen habe, wenn mir alle Geheimnisse enthüllt sind und ich alle Erkenntnis besitze, wenn mir der Glaube im höchsten nur denkbaren Maß gegeben ist, sodass ich Berge versetzen kann – wenn ich alle diese Gaben besitze, aber keine Liebe habe, bin ich nichts.

Wenn ich meinen ganzen Besitz an die Armen verteile, wenn ich sogar bereit bin, mein Leben zu opfern und mich bei lebendigem Leib verbrennen zu lassen, aber keine Liebe habe, nützt es mir nichts.

Liebe ist geduldig, Liebe ist freundlich. Sie kennt keinen Neid, sie spielt sich nicht auf, sie ist nicht eingebildet.

Sie verhält sich nicht taktlos, sie sucht nicht den eigenen Vorteil, sie verliert nicht die Beherrschung, sie trägt keinem etwas nach.

Sie freut sich nicht, wenn Unrecht geschieht, aber wo die Wahrheit siegt, freut sie sich mit.

Alles erträgt sie, in jeder Lage glaubt sie, immer hofft sie, allem hält sie stand.

Die Liebe vergeht niemals.

Was für immer bleibt, sind Glaube, Hoffnung und Liebe, diese drei. Aber am größten von ihnen ist die Liebe.

1. Korinther 13,1-8.13 (NGÜ)

Gewidmet

Die Schöpfungsgeschichte in der
Bibel erzählt: Als Gott Adam seine
Eva zuführte, da jubelte Adam.
Er führte einen Freudentanz
auf: „Diese Frau gehört jetzt
zu mir. Sie ist mir von Gott
geschenkt!“

Dieser Jubel kann sich bei jeder Hochzeit wiederholen, und er hat die Kraft, wenn wir ihn einmal aufgenommen haben, den Ehealltag ein Leben lang zu prägen. Es ist der Jubel, der sich hinter der einfachen Frage an Brautpaare vor dem Traualtar verbirgt: Wollt ihr euch als Gottes Gabe lieben und ehren?

Als Gottes Gabe – und nicht als erobertes Objekt oder als Projektionsfläche der eigenen Wünsche. Sondern als Geschenk von höchster Instanz: Mein Mann ist mir von Gott gegeben, so wie er ist und wie er im Lauf der Jahrzehnte reift. – Meine Frau ist mir von Gott geschenkt mit all dem, was sie an Gaben und Charakter mitgebracht hat und noch entdeckt.

Einander als Gabe von Gott geschenkt sein – das gleicht einer persönlichen Widmung aus Gottes Hand. Es ist wie mit einem Buch: Man kann es kaufen, lesen oder verstauben lassen. Man kann es, wenn es alt wird, wegwerfen und ein neues kaufen. Ein Buch aber, das vorne die persönliche Widmung des Autors enthält, bleibt in besonderer Weise wertvoll und einmalig.

Der Jubel des Adam setzt sich fort, wenn Frau und Mann sich immer wieder – auch bei allen Veränderungen, die die Jahre mit sich bringen – sagen und zeigen: Du bist mir ein Geschenk mit persönlicher Widmung, unvergleichlich wertvoll und einmalig.

Ich halte es nicht für das größte **Glück,**
einen Menschen ganz enträtselt zu haben.
Ein größeres Glück ist es noch, bei dem, den wir lieben,
immer **neue Tiefen** zu entdecken,
die uns immer mehr die Unergründlichkeit seiner Natur
in ihrer ewigen Tiefe offenbaren.

Fjodor M. Dostojewski

Das
Hohelied
der
Liebe

Lege mich wie ein Siegel auf dein Herz,
wie ein Siegel auf deinen Arm.
Denn Liebe ist stark wie der Tod
und Leidenschaft unwiderstehlich
wie das Totenreich.
Ihre Glut ist feurig und eine Flamme des Herrn,
sodass auch viele Wasser die Liebe nicht auslöschen
und Ströme sie nicht ertränken können.
Wenn einer alles Gut in seinem Hause
um die Liebe geben wollte,
so könnte das alles nicht genügen.

Hoheslied 8,6-7 (LUT)

Hallo, warum bist du gegangen? Ich weiß, es war blöd. Tut mir leid. Komm wieder. Bitte.
Meinst du das echt? Ich weiß nicht. Wenn du ganz wirklich willst, dass wir wieder anfangen, dann hänge ein rotes Band an die Tür.

Wunsch & Gottesbilder

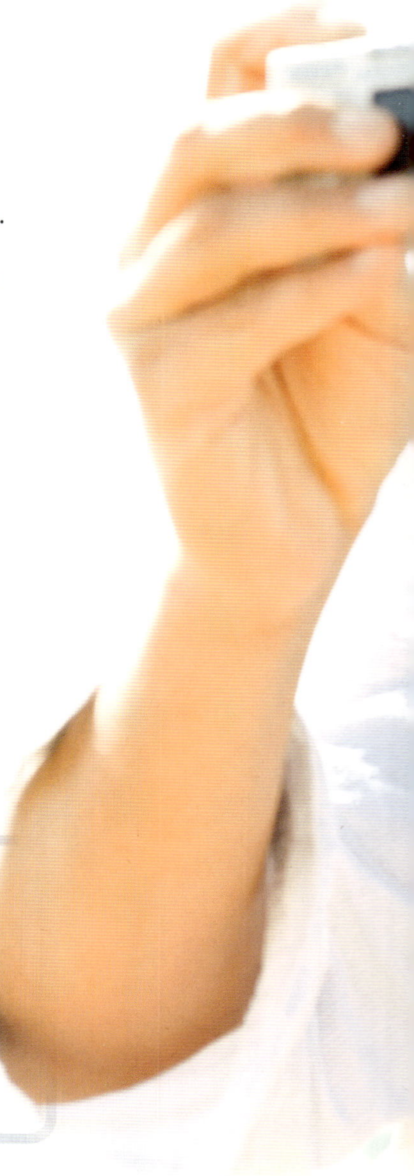

Viele möchten den Ehepartner gerne „nach ihrem Bild“ verändern und erziehen.

Bild heißt auf lateinisch „imago“. Deswegen spricht man in der Psychologie auch von Imaginationen, von inneren Bildern, die uns leiten.

Sie können uns in Sackgassen führen – und zwar dann, wenn aus solchen inneren Bildern Festlegungen werden: Ich mache mir ein Bild davon, wie der Partner sein sollte, und lege ihn darauf fest. Entspricht er diesem Bild nicht, ärgere ich mich und fange an zu nörgeln, zu kritisieren und zu erziehen.

Diese inneren Bilder können aber auch zu hilfreichen Leitbildern werden – und zwar dann, wenn sie sich nach göttlichen Bildern ausrichten. Wir Menschen sind von Gott nach seinem Bild geschaffen. Wir sollen zu der Person werden, die Gott sich gedacht hat. Er hat eine Vorstellung von uns und unserem Leben. Die dürfen wir entdecken, die Gaben und Stärken, den Auftrag und die Wegweisungen Gottes.

Solche Ausrichtung auf Gottes Vorstellungen schafft uns Freiraum. Gegenseitig.
Nicht ich weiß, was für den anderen richtig ist, sondern Gott weiß es.
Er hat die richtige Vorstellung für unser Leben. Danach sollen wir fragen.
Festlegungen, Kritik und Nörgelei engen ein, drängen zurück, verunsichern und verbittern.
Eigene Vorstellungen zurückzunehmen ermöglicht Freiraum zur Entfaltung.
Die Ausrichtung auf Gottes Horizont erfreut und befreit, beflügelt und verändert.

So ist’s ja besser zu zweien als allein;
denn sie haben guten Lohn für ihre Mühe.
Fällt einer von ihnen, so hilft ihm sein Gesell auf.
Weh dem, der allein ist, wenn er fällt!
Dann ist kein anderer da, der ihm aufhilft.
Auch, wenn zwei beieinander liegen, wärmen
sie sich; wie kann ein einzelner warm werden?
Einer mag überwältigt werden, aber zwei können widerstehen,
und eine dreifache Schnur reißt nicht leicht entzwei.

Prediger 4,9-12 (LUT)

Gott *mit im Bund*

Ja, es ist besser zu zweit.
Schon oft haben wir diese Erfahrung gemacht.
Wir können einander Hilfe sein.
Wenn einer schwach wird, kann der andere stützen.
Wenn einer friert, kann der andere wärmen.
Die Seele kann auftauen, wenn sich der andere mir zuwendet.

Doch manchmal sind wir auch beim Tragen überfordert.
Die Last kann zu schwer werden.
Wie gut, wenn da ein dritter ist, der sich uns zur Seite stellt.
Gott trägt mit.
„Eine dreifache Schnur reißt nicht leicht entzwei“:
Diesen Satz hat ein Prediger vor vielen hundert Jahren formuliert.
Er wusste, wie befreiend es ist,
wenn wir aus Gottes unerschöpflichen Kraftquellen schöpfen können.
An ihn dürfen wir uns wenden, wenn wir nicht mehr weiter wissen.

So will es Gott.
Er stellt sich zu uns.
Er will der Dritte im Bund sein.
Was für eine Chance für unsere Ehe!

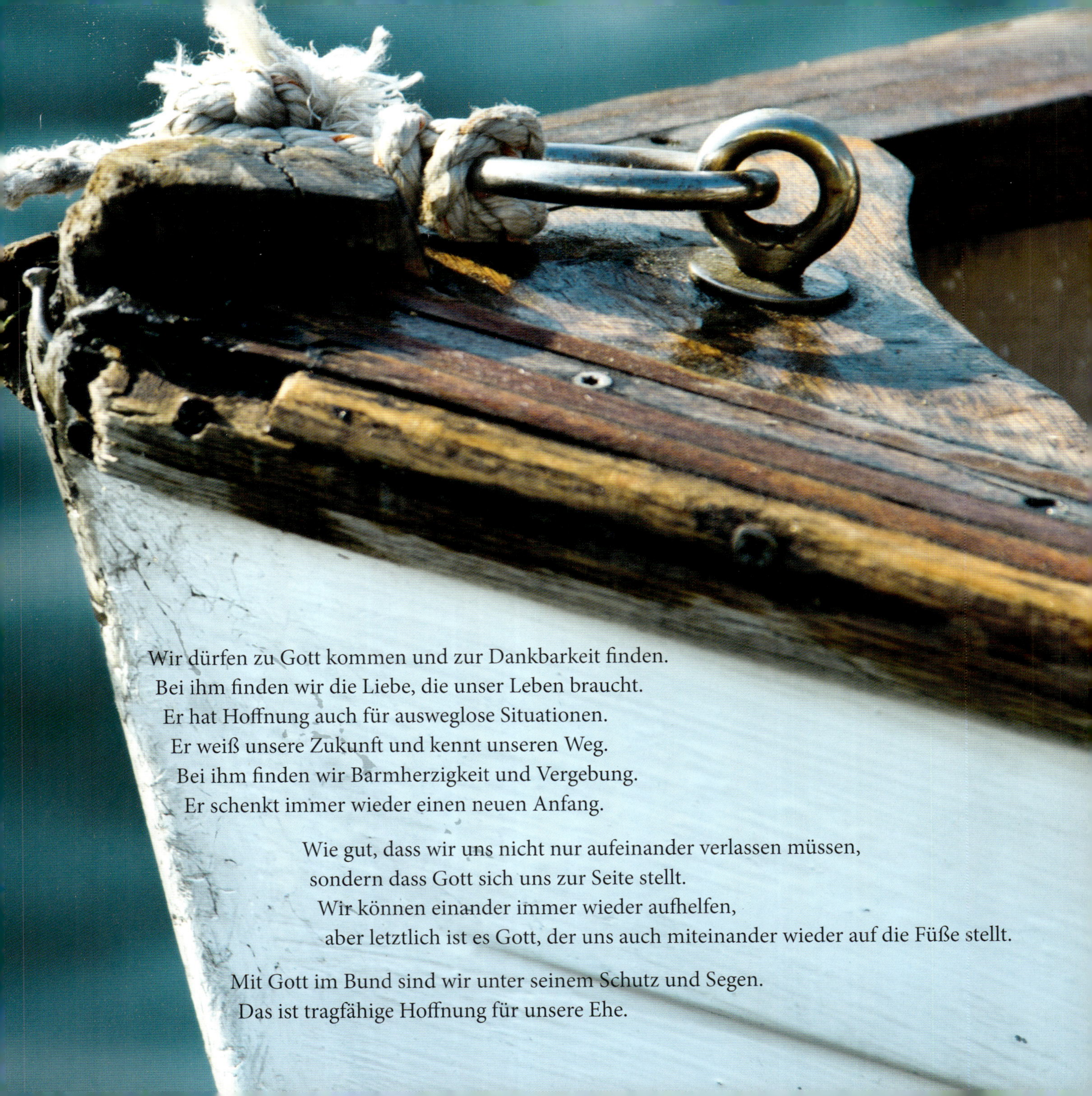

Wir dürfen zu Gott kommen und zur Dankbarkeit finden.
Bei ihm finden wir die Liebe, die unser Leben braucht.
Er hat Hoffnung auch für ausweglose Situationen.
Er weiß unsere Zukunft und kennt unseren Weg.
Bei ihm finden wir Barmherzigkeit und Vergebung.
Er schenkt immer wieder einen neuen Anfang.

Wie gut, dass wir uns nicht nur aufeinander verlassen müssen,
sondern dass Gott sich uns zur Seite stellt.
Wir können einander immer wieder aufhelfen,
aber letztlich ist es Gott, der uns auch miteinander wieder auf die Füße stellt.

Mit Gott im Bund sind wir unter seinem Schutz und Segen.
Das ist tragfähige Hoffnung für unsere Ehe.

Ehesegen

Gott segne euren weiteren Weg.

Er segne euer Lachen und Weinen.
Er segne die Tage voller Freude
und sei euch nahe in den mühsamen Stunden.
Er segne eure Wege mit Hoffnung
und gebe euch Zuversicht in den Stunden des Bangens.

Er gebe euch immer neu Grund zum Feiern
und trockne eure Tränen im Leid.

Gott segne euch füreinander,
dass ihr einander trauen und stützen könnt,
ermutigen und aufrichten,
tragen und ertragen.

Der barmherzige Gott schenke euch immer neu Wege zueinander,
den Willen zur Versöhnung,
die Freude des Miteinanders,
den barmherzigen Blick aufeinander.

So segne euch der barmherzige und gnädige Gott
und gebe euch Frieden.

Brunnen-Weisheit

Kennen Sie den Maulbronner Klosterbrunnen?
Seit Jahrhunderten schmückt er den Kreuzgang.
Drei Schalen sind harmonisch übereinander geordnet,
und immer wiederholt sich dasselbe Spiel:
Die obere Schale füllt sich mit Wasser,
so weit, dass es am Rande wieder ausläuft
und nun die zweite Schale unter ihr füllt,
bis auch diese Wasser in die unterste,
größte Brunnenschale fließen lässt.

Dieser Brunnen kann zu einem schönen Bild für die Ehe werden:
Zuerst selbst gefüllt werden mit Liebe,
davon überfließen und so den Ehepartner füllen,
wie eine Schale die andere.
Freude nicht für sich behalten, sondern ausschütten.
Ein lebendiges Geben und Empfangen.
Und wer der unteren und wer der oberen Schale gerade gleicht,
das wechselt immer wieder im Überfließen und Beschenktwerden.

Nur eine Schale sollte die oberste bleiben:
Jesus Christus gleicht der Schale über den beiden Schalen.
Die beiden unteren Schalen können sich nicht selbst füllen,
sondern werden durch die oberste gespeist.
Liebe, Freude, Kraft zum Leben – damit will uns Christus füllen,
damit wir weiterschenken können.

Echte Liebe
hat immer etwas von der Art der Liebe Gottes an sich:
Sie ist selbstlos und beständig.
Sie will nicht haben, sondern geben.
Sie will nicht glücklich werden, sondern glücklich machen.
Sie sieht in der Entfaltung des anderen,
des geliebten Menschen,
das größte Glück.

WILHARD BECKER

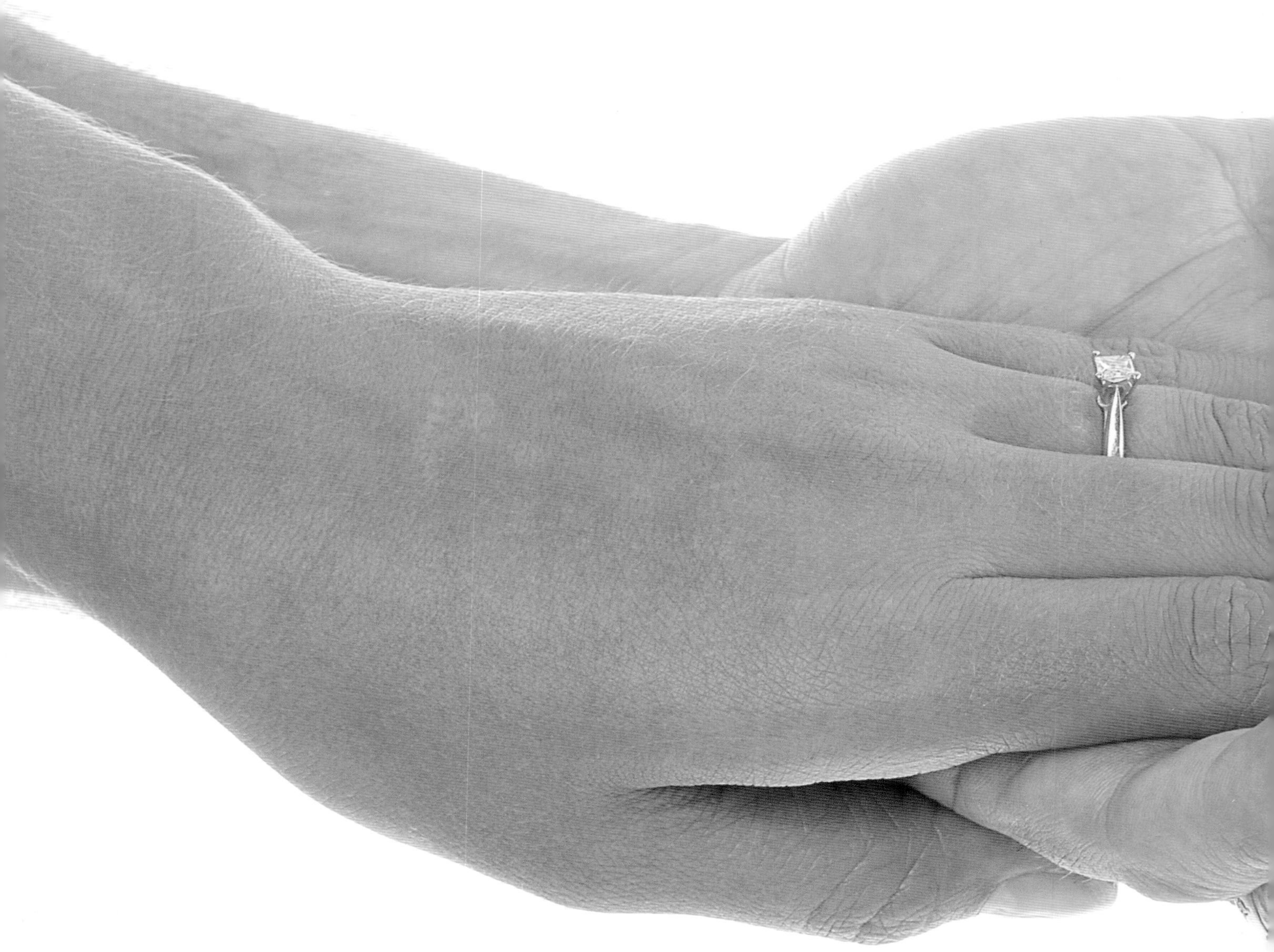

Wohl erprobt sich die Liebe in der Treue,
sie vollendet sich aber in der Vergebung.

WERNER BERGENGRUEN

Das Haus
unserer Sehnsüchte

Eine Frau steht am Morgen vor ihrem Haus – jeden Morgen.
Jedes Mal wandert ihr Blick hinüber zur anderen Seite des Tales.
Denn dort steht ein Haus mit goldenen Fenstern.
Von Tag zu Tag schaut sie dieses Haus sehnsüchtiger an.
Eines Tages beschließt sie:
In dem Haus mit den goldenen Fenstern will ich wohnen.
So macht sie sich auf, verlässt ihr bisheriges Haus und geht.
Sie wandert den ganzen Tag.
Abends kommt sie bei dem Haus ihrer Sehnsüchte an.
Sie schaut sich das neue Haus an.
Die Fenster sehen ganz normal aus, wie bei ihrem ehemaligen Haus.
Aus der Ferne sah alles vollkommen aus.
Aus der Nähe besehen sieht das neue Haus ihrem bisherigen sehr ähnlich.
An manchen Stellen ist es auch schäbiger.
Der Putz blättert ab, der Garten ist nicht so gut gepflegt.

Sie schaut sich um.
Sie schaut hinüber zur anderen Talseite.
Dort steht ein Haus mit goldenen Fenstern.
Es ist ihr eigenes Haus.
Seine Fenster glänzen golden in der Abendsonne.

In fast jeder Ehe gibt es Wüstenstrecken – Zeiten, in denen beide sich eigenartig fremd werden. Manche rutschen langsam hinein, andere empfinden es als überraschend, dass die Beziehung wie tot erscheint. Man hat sich kaum mehr etwas zu sagen. Gibt es Chancen, über den toten Punkt hinwegzukommen?

Zunächst kann es hilfreich sein, sich bewusst zu machen: Auch solche schwierigen Strecken gehören zu den wichtigen Erfahrungen einer Ehe. Wer körperliche Krisen und Krankheiten erlebt, sucht Heilung und Erholung. Auch eine Ehe braucht immer wieder Zeiten, in denen wiedergeholt wird, was für die Beziehung am Anfang wichtig war. Was war wichtig? Nicht nur das Liebesgefühl. Sondern die Entscheidung füreinander. Das bedingungslose „Ja" zueinander. Der Wille zum Miteinander.

Das zurückzuholen kann Kraft kosten. Aber eben diese Kraft kann Gott schenken. Er kann aus der Dunkelheit zum Licht führen, aus der Wüste zur Quelle, aus dem Tod zum Leben. Er kann den toten Punkt überwinden. An Ostern feiern wir: Jesus ist auferstanden. Das führt uns zu der Freiheit, uns selbst und unsere Ehe im hoffnungsstarken Licht des Ostermorgens zu sehen. Auch eine Ehe lebt von „Auferstehungen". Sie kann neu lebendig werden. Was vorher belastend war, darf getrost sterben. Was falsch war, darf begraben sein. Das „Ja" zueinander darf neu auferstehen in ein neues „Wir". Und die Liebe wird folgen.

Es gibt in den Ostergeschichten des Johannesevangeliums einen schönen Satz: „Als es aber Morgen wurde, stand Jesus am Ufer" (Johannes 21,4). Die Freunde von Jesus hatten dunkle Stunden erlebt, Misserfolg, Frust. Doch die Nacht war im Schwinden, der neue Tag brach an. Da sahen sie im Morgenlicht Jesus am Ufer stehen.

Das gilt auch für jede Ehe, die sich auf Auferstehung einlassen will: Ein neuer Tag beginnt. Jesus steht am Ufer des gemeinsamen Lebens. Und im Morgenlicht kann der Eheweg weitergehen.

Manchmal ist es nötig, sich auseinander zu setzen, um wieder zusammensitzen zu können. Solche Auseinandersetzungen sind dann hilfreich, wenn sie ehrlich und offen geschehen, wenn sie ein gewisses Maß gegenseitiger Würdigung und die Bereitschaft zur Selbstkritik einschließen.

Was aber, wenn das Gefühl für Nähe und Distanz längst im Strudel von Verletzungen und Vorwürfen ertrunken ist? Wenn sich so viel Schuld angehäuft hat, dass der Partner oder die Partnerin so weit weg scheint, dass ein Sich-auseinander-Setzen gar nicht mehr möglich ist? Wer kann da noch eine Brücke bauen?

Die Bibel zeigt: Jesus will ein solcher Brückenbauer sein. Dafür lebte er, und dafür starb er. Es kann hilfreich sein, sich Jesus am Kreuz in Gedanken vor Augen zu stellen. Da hängt er

und breitet seine Arme aus. Und seine Arme reichen weit. Sie reichen so weit, dass er die beiden Partner an die Hand nehmen kann. Nun sind sie, obwohl weit entfernt, doch verbunden über Jesus Christus am Kreuz. Und was zwischen den beiden steht an Fehltritten, Verletzungen und Schuld, das kann nun getrost in der Mitte bei Jesus bleiben. Es wird mit in sein Sterben hineingenommen. Und statt weiteren Vorwürfen und Anklagen gibt Jesus die Kraft zur Versöhnung in die Beziehung hinein.

Mit drei Buchstaben lässt sich dieses Bild in der Erinnerung festmachen: Wie im Wort „EHE“ das „H“ zwischen den beiden „E“ steht, so will Christus als „Herr“ zwischen den beiden „Ehepartnern“ stehen.

Wie lange reden Paare täglich miteinander? Sind es fünfzehn Minuten? Oder mehr? Oder nur fünf? Untersuchungen liefern unterschiedliche Zahlen. Aber viel wichtiger ist, sich im Blick auf die eigene Ehe zu fragen: Wie viel Zeit schenken wir uns – zum Reden und – noch viel wichtiger – zum Zuhören?

Manche Paare haben den Eindruck, ihr Ehegespräch könnte eine Auffrischung brauchen. Sie denken wehmütig an die Zeit des ersten Verliebtseins zurück. Sie haben den Eindruck: Damals haben wir uns besser verstanden. Warum? Weil sie viel mehr miteinander geredet haben. Sie öffneten einander ihr Herz und hörten sich neugierig zu. Sie wagten es, auch Gefühle und Stimmungen in Worte zu fassen und „mit zu teilen".

Wie hat sich dann das Ehegespräch im Laufe der Jahre entwickelt? Wenn ein Paar sich nach mehreren Jahren noch immer viel Zeit zum Gespräch gönnt, dann ist ihm nur zu gratulieren.

Die Liebe überwindet den Hass
wie das Licht die Finsternis.

MARTIN LUTHER KING

Was aber, wenn das Gespräch langsam verstummt ist? Wenn das Reden über Gefühle und Gedanken auf der Strecke blieb? Wenn jeder meint, es sei alles gesagt, und die eigenen Wünsche und Bedürfnisse solle der andere gefälligst erraten?

Dann kann das Ehegespräch wieder „in Gang" kommen.
Denken wir ans Anfahren eines Autos.
Zuerst die Kupplung treten – offen sein für einen neuen Gang.
Dann den Gang einlegen – das Gespräch wirklich wagen, vielleicht dafür einen Termin vereinbaren, ein schönes Essen dabei, ein Rahmen der Geborgenheit.
Dann die Handbremse lösen – offen sein zum Hören, gelöst aufmerken.
Und schließlich: Gas geben – ehrlich reden, sich dabei Zeit gönnen.
Und das Lenken nicht vergessen.
Und wo nötig: auch das Bremsen nicht.

Die Ehe gleicht einem Garten.

Erstaunlich, was da alles gewachsen und
gereift ist im Lauf der Jahre.

Wunderbar, was gedeihen konnte.
Was aufblühte.
Wie sich Früchte entwickelten.

Die Ehe bleibt ein Garten.
Ein wunderbares Land, für das zu sorgen sich lohnt.
Ehegartenarbeit ist schön.

Vertrauen säen – und wir ernten Treue.
Verständnis ausstreuen – und Verstehen wächst.
Vergebung pflanzen – und Frieden breitet sich aus.

Mit Freundlichkeit bewässern – und Dankbarkeit gedeiht.
Liebe gießen – und Freude keimt.
Unkraut entfernen – und Freiheit atmet.

Je mehr wir uns in solche Gartenarbeit einbringen,
desto mehr ernten wir und werden aneinander reich.

Der Garten der Ehe soll blühen.

Das Gute an Enttäuschungen

In einer Ehe gibt es auch Enttäuschungen. Charaktereigenschaften sind sichtbar geworden, die am Anfang vielleicht anziehend waren, aber im Lauf der Jahre stören. Beide haben sich entwickelt, nicht immer nur zum Positiven. Das führt oft zu Enttäuschungen. Doch Enttäuschungen sind nicht nur negativ.

Schauen wir uns das Wort „Enttäuschung" genauer an, dann wird darin auch ein positiver Aspekt sichtbar. Es wird uns eine Täuschung genommen. Wir werden ent-täuscht. Wir entdecken, dass wir Täuschungen erlegen sind. Durch Ent-täuschungen können wir einen realistischeren Blick bekommen, überhöhte Vorstellungen überprüfen, falsche Ziele entlarven.

Wenn wir heiraten, heiraten wir nicht nur das am anderen, was uns gefällt, sondern den ganzen Menschen mit allem, was er mitbringt: seine Herkunft, sein Elternhaus, seine Prägungen in der Jugendzeit, seine Schwächen und Verletzungen.

Und beide Partner erfahren im Lauf der Ehe: So gehören wir zusammen – mit allem, was wir mitbringen. Das alles gehört zu uns dazu.

Das bedeutet auch: Wir können die falschen Vorstellungen von Vollkommenheit hinter uns lassen. Kein Mensch ist fehlerfrei, auch nicht annähernd. Und somit wird auch Ehe nie vollkommen sein.

Es ist großartig zu wissen: Gott liebt auch die Unvollkommenen und Unperfekten. Sowohl mich unvollkommenen Menschen wie auch meinen unvollkommenen Ehepartner.

Gottes Liebe ist vollkommen.

Diese Liebe gilt uns beiden gleichermaßen.

Sie kann unsere Ehe tragen.

Sie kann uns helfen, Ent-täuschendes nicht an unseren Vorstellungen von Vollkommenheit zu messen, sondern an Gottes Barmherzigkeit.

Wie Veränderung *geschieht*

Meine Freunde sagten seit Jahren zu mir, ich solle mich ändern. Meine Frau nickte dazu. Jeder sagte mir immer wieder, ich solle mich ändern. Ich pflichtete ihnen bei, und ich wollte mich auch ändern, aber ich brachte es nicht fertig, so sehr ich mich auch bemühte. Dann sagte eines Tages meine Frau zu mir: „Ändere dich nicht! Bleib, wie du bist. Es ist wirklich nicht so wichtig, ob du dich änderst oder nicht. Ich liebe dich so, wie du bist. So ist es nun einmal."

Diese Worte klangen wie Musik in meinen Ohren. „Ändere dich nicht, ändere dich nicht ... ich liebe dich!" Und ich entspannte mich und wurde lebendig, und Wunder über Wunder, ich änderte mich! Jetzt weiß ich, dass ich mich nicht wirklich ändern konnte, bis ich jemanden fand, der mich liebte, egal, ob ich mich nun änderte oder nicht.

(nach Anthony de Mello)

Entscheide dich immer für die Liebe.
Wenn du dich ein für allemal dazu entschieden hast,
so wirst du die ganze Welt bezwingen.
Denn dienende Liebe ist eine ungeheure Kraft,
und ihresgleichen gibt es nicht.

Fjodor M. Dostojewski

Liebe –
weit mehr als
Gefühl

„Gefühle werden gehabt,
die Liebe geschieht."
So drückt es der jüdische Gelehrte Martin Buber aus.

Gefühle können uns haben und uns wieder verlassen.
Alle Frischverliebten wissen, wie sehr sie von Gefühlen gefangen sein können, fasziniert, gefesselt, verzaubert.
Doch das ist kein Dauerzustand.
Gefühle können verblassen, schwächer werden, ja noch mehr, sie können ganz verschwinden oder sich ins Gegenteil verkehren. Was dann?

Gut zu wissen, dass Liebe mehr ist als Gefühl.
„Liebe ist Verantwortung eines Ich für ein Du" *(Martin Buber).*

Sie kann sich festmachen an Gott.
Seine Liebe geschieht,
für uns,
durch seine Barmherzigkeit zu uns,
durch sein Wort an uns,
durch sein Handeln für uns.

Er hat Verantwortung für uns übernommen.
Daran können wir unsere Liebe festmachen.
Darauf können wir bauen.

Weil Gott sich für uns entschieden hat,
können wir uns füreinander entscheiden.
Weil Gott in Treue zu uns steht,
können wir einander treu sein.

So werden wir entdecken:
Liebe ist weit mehr als Gefühl.

Wie gut.

Wie Gott *mir, so ich dir*

Eine bekannte Redewendung lautet:
Wie du mir, so ich dir.

Würden wir danach handeln, wären wir schnell in der Gefahr, Negatives aufzurechnen, heimzuzahlen und uns schlussendlich vor den Auswirkungen unseres eigenen Tuns schützen zu müssen.

Es gibt ein faszinierendes Gegenwort:
Wie Gott mir, so ich dir.

Gott macht es anders als wir.
Er zahlt nicht mit gleicher Münze heim,
sondern investiert sich mit seiner Liebe ganz in uns Menschen.
Seine Liebe ist anders, nicht berechnend,
sondern barmherzig, vergebend, umfassend.

Er liebt, obwohl wir Fehler machen und schuldig werden.
Er unterscheidet in seiner Liebe zwischen dem,
was wir tun, und dem, was wir sind.
Er sieht hinter aller Fehlerhaftigkeit und Schwäche
immer noch unsere Würde.
Wir sind seine Geschöpfe, seine Kinder.
Darum dürfen wir auch mit Ballast und verdunkeltem Gewissen zu ihm kommen.

Wenn seine Liebe uns ergreift,
wenn seine Barmherzigkeit in unser Herz fällt,
dann erfahren wir die verändernde Kraft seiner Liebe.
Er vergibt Schuld,
er will aus der Dunkelheit ins Licht führen.
Er will uns gestalten und formen nach seinem Bild.
Er kennt uns und weiß um unsere verborgenen Möglichkeiten.
Er weiß, wozu wir auf dieser Welt sind.
Seine Liebe will unser Leben entfalten.

Von dieser Art Gottes können wir lernen.
Wir können lernen, zu unterscheiden zwischen dem, was ein Mensch ist, und dem, was er tut.

Wir können lernen, einander mit den Augen Gottes zu sehen.
Dann wird sich unser Blick aufeinander verändern.
Wir können die Sache benennen, die stört oder verletzt,
und dennoch den Menschen in seiner Würde achten.
Wir können lernen, den anderen zu sehen, wie Gott ihn sieht.

Wie Gott mir, so ich dir.

Das Brautportal

An manchen Kirchen gibt es einen speziellen Eingang für Brautpaare bei der Hochzeit. An einem solchen Brautportal hat ein Künstler ein Kreuz angebracht, ein Kruzifix – aber nun nicht so, dass das Kreuz irgendwo über der Tür hängt: Der Künstler hat es ganz tief in den Eingang heruntergezogen. Wenn nun ein Brautpaar die Kirche betritt, müssen die beiden sich für einen Moment loslassen und sich unter dem Kreuz beugen und unter ihm hindurchgehen – und dann können sie sich wieder neu die Hand geben und einander empfangen.

Damit wollte der Künstler zeigen: So soll Jesus Christus zwischen euch stehen – mit seiner Liebe, seiner Vergebung. Es gibt niemanden, der in der Ehe nicht Fehler macht und schuldig wird. Aber Jesus Christus will Vergebung schenken, befreien, erneuern.

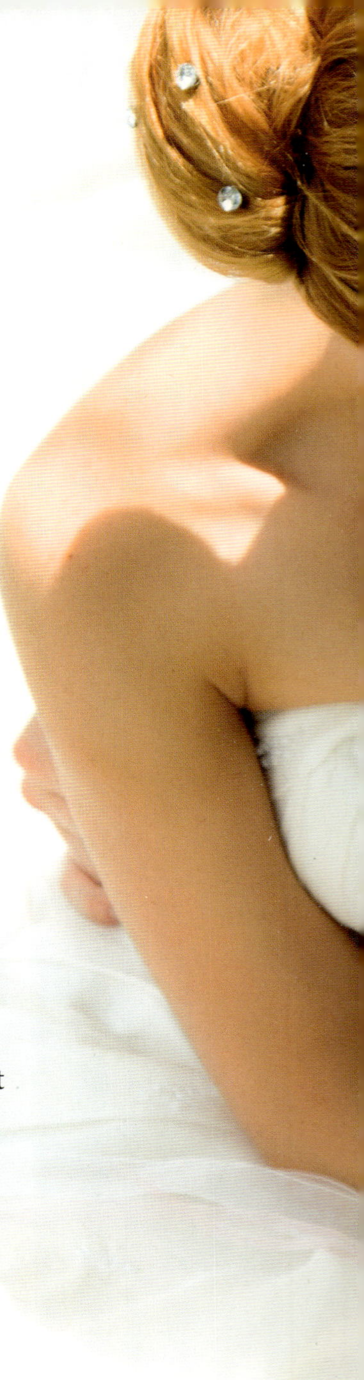

Dankbarkeit
macht glücklich

Menschen sind vergesslich – vor allem beim Danken. Wir richten unseren Blick oft viel zu schnell auf das Negative bei uns, beim Ehepartner, bei Erinnerungen und Erlebnissen.

Aber nicht Rumnörgeln oder Grübeln machen glücklich.
Sondern Dankbarkeit.
Wer wieder zu danken lernt, sieht das Leben aus einer neuen Perspektive.
Durch das Danken entsteht für die Seele ein innerer Raum der Freiheit und Freude.
Darum werden wir in der Bibel immer wieder an das Danken erinnert. Zum Beispiel in Psalm 103: „Lobe den Herrn meine Seele und vergiss nicht, was Er dir Gutes getan hat."

Darum: Wie wär's mit einem Dankbarkeitskonto?

Keine schwarze Liste, auf der alle Fehler und Missgeschicke des Partners aufgelistet sind, sondern eine Dankbarkeitsliste

für gute Eigenschaften des anderen
für die andere Sichtweise
für Unterstützung und Fürsorge
für Zuwendung und Hilfe
für besonders schöne Momente
für Fähigkeiten und Gaben
für überstandene Schwierigkeiten
für …

Nein, bitte jetzt kein Stress! Die Liste muss nicht perfekt sein. Sie muss nicht einmal auf einem Zettel stehen. Eine Liste im Kopf ist schon viel. PC-Freaks legen sich im Notebook eine Liste an und starten sie mit einem fröhlichen Button, der zum Anklicken lockt.

Wie gut tut es unserer Ehe, wenn wir uns dann auch gelegentlich sagen, was sich auf der Liste angesammelt hat! Denn Dankbarkeit macht auch den anderen glücklich. Sie bildet einen Schutzwall um die Seele. Sie lässt aufatmen und befreit leben.

Dankbarkeit ist die Wachsamkeit der Seele
gegen die Kräfte der Zerstörung.

GABRIEL MARCEL

Was ich dir *verspreche*

Bei der Hochzeit habe ich versprochen,
dich als Gabe Gottes zu lieben und zu ehren

– zugeeignet von höchster Instanz,
erstaunlich und anders als gedacht,
genau richtig für mich –,
um an dir zu reifen und zu wachsen.

Bei der Hochzeit habe ich versprochen,
bei dir zu bleiben in guten und in schweren Tagen.

Wenn wir glücklich sind,
wenn es Grund zum Jubeln und zur Freude gibt,
aber auch dann, wenn Unerwartetes und Schmerzliches geschieht,
auch dann, wenn es Lasten zu tragen gilt.

Bei der Hochzeit habe ich versprochen,
das Leben mit dir zu teilen, bis der Tod uns scheidet.

Dieses Versprechen war Basis in unseren Ehejahren.
Und es gilt auch für die kommenden Jahre und darüber hinaus.

So verspreche ich dir:
dich als Gabe Gottes zu lieben und zu ehren.
Ja – und Gott helfe mir.

An Frau Rebekka

bei der silbernen Hochzeit, den 15. März 1797

Ich habe Dich geliebet und ich will Dich lieben,
So lang' Du goldner Engel bist;
In diesem wüsten Lande hier, und drüben
Im Lande wo es besser ist.

Ich will nicht von Dir sagen, will nicht von Dir singen;
Was soll uns Loblied und Gedicht?
Doch muss ich heut der Wahrheit Zeugnis bringen,
Denn unerkenntlich bin ich nicht.

Ich danke Dir mein Wohl, mein Glück in diesem Leben.
Ich war wohl klug, dass ich Dich fand;
Doch ich fand nicht. Gott hat Dich mir gegeben;
So segnet keine andre Hand.

Sein Tun ist je und je großmütig und verborgen;
Und darum hoff' ich, fromm und blind,
Er werde auch für unsre Kinder sorgen,
Die unser Schatz und Reichtum sind.

Und werde sie regieren, werde für sie wachen,
Sie an sich halten Tag und Nacht,
Dass sie wert werden, und auch glücklich machen,
Wie ihre Mutter glücklich macht.

Uns hat gewogt die Freude, wie es wogt und flutet
Im Meer, so weit und breit und hoch! –
Doch, manchmal auch hat uns das Herz geblutet,
Geblutet ... Ach, und blutet noch.

Es gibt in dieser Welt nicht lauter gute Tage,
Wir kommen hier zu leiden her;
Und jeder Mensch hat seine eigne Plage,
Und noch sein heimlich Crève-cœur*.

Heut' aber schlag ich aus dem Sinn mir alles Trübe,
Vergesse allen meinen Schmerz;
Und drücke fröhlich Dich, mit voller Liebe,
Vor Gottes Antlitz an mein Herz.

MATTHIAS CLAUDIUS (1740–1815)

Herzeleid

Gebet für die
Ehe

Liebender Gott
Vater, Sohn und Heiliger Geist
Schöpfer der Liebe

Wir danken Dir füreinander
Wir danken Dir, dass Du uns einander geschenkt hast
Wir danken Dir für unseren gemeinsamen Weg bis hierher

So viel Schönes haben wir erlebt
Glück haben wir erfahren
Du hast uns über Höhen geführt
Und in Tiefen bewahrt
Auch Schweres und Mühsames lag auf unserem Weg
Manche Last mussten wir tragen
Nicht jeder Tag war einfach

Doch Du stehst zu uns
Das Gegangene hast Du in Händen
Das Vergangene nimmst du in deine Barmherzigkeit

So schauen wir mutig nach vorne
Voll Zuversicht
Du gehst mit uns
Du bist bei uns an jedem neuen Tag
Du siehst weiter
Du hilfst uns miteinander weiter zu leben
Danke Herr

Amen